LIVRET

DE

LECTURE,

A L'USAGE

des Écoles primaires.

IVe PARTIE.

NIVELLES,

Typographie de J. DESPRET, libraire, près
du tribunal.

DÉPOSÉ.

LIVRET

DE

LECTURE,

à l'usage des Écoles Primaires.

IV.ᵉ PARTIE.

Nivelles,

IMPRIMERIE DE DESPRET, LITHOGRAPHE ET LIBRAIRE,
rue de Soignies, N° 101.

1848

LECTURES.

I

Un jeune homme s'étant arrêté dans la rue pour parler à un de ses amis, le domestique qui le servait chez son père, vint à passer et le salua. Le maître, ôtant son chapeau, lui rendit le salut bien poliment.

Comment ! lui dit son ami, vous ôtez votre chapeau à votre domestique.—Assurément, répondit le jeune homme ! voulez-vous qu'on aille dire que je suis moins poli que celui qui me sert ?

Il en coûte fort peu d'être civil.

La politesse nous fait toujours aimer et distinguer.

II

L'homme est né pour travailler.

L'abeille et la fourmi, ces animaux laborieux, nous donnent l'exemple du travail.

Elles savent toutes les deux que l'hiver doit arriver ; qu'alors elles ne trouveront plus rien dans les campagnes, et qu'elles mourront de faim, si elles n'ont pas fait les provisions nécessaires. Dès les premiers jours du printemps, elles commencent à amasser. Levez-vous de grand matin, et vous les trouverez déjà à l'ouvrage. Sachez, mes enfants, qu'un jour l'hiver viendra pour vous, et que si vous ne travaillez étant jeunes, vous vous trouverez sans ressources dans un âge avancé.

III

Pierre était à jouer un soir sur une table. Sa maman lui défendit de toucher à la bougie qui l'éclairait, de peur qu'il ne se brulât, et elle sortit un instant ; au lieu d'obéir, Pierre fit aller le chandelier de côté et d'autre avec si peu d'attention, que la bougie tomba sur son bras. Le feu prit à ses habits, et Pierre poussa de hauts cris. Sa maman vint et éteignit le feu. Il n'en eut pas moins le bras brûlé, et, sans un prompt secours, il aurait pu non-seulement se brûler lui-même tout entier, mais brûler aussi la maison, causer un grand incendie, et ruiner ainsi beaucoup d'honnêtes gens.

IV

Eugène a toujours soin de ne point tacher ses habits. Le soir, il les remet bien en ordre et à leur place. Il a toujours les mains et la figure lavées, et l'on ne trouve jamais de taches dans ses livres. Aussi Eugène est aimé et estimé de tout le monde.

Martin au contraire est toujours malpropre : il ne veut jamais se peigner ni se laver ; il s'habille avec tant de négligence, qu'on dirait que ses vêtements vont tomber. Ses camarades l'évitent à cause de sa malpropreté et l'instituteur le place seul sur un banc.

V

Armand jouait avec son chien Azor, et courait dans la chambre de sa mère. Il y avait au coin de la cheminée une marmite pleine d'eau bouillante et posée sur un réchaud. Sa sœur l'avertit que, s'il continue de courir auprès de cette marmite, il la fera tomber. Notre étourdi se moque de cet avertissement, a la sottise et l'entêtement d'approcher de plus près encore ; il court, le bas de son habit accroche la marmite qui se renverse sur le petit entêté et lui brûle les deux jambes. Il fallut lui couper la jambe droite, et il ne put se servir de la jambe gauche que long-temps après.

VI

Philippe demeure volontiers au lit le matin, tandis que son frère étudie. Il ne se lève qu'à neuf heures, et alors il baîlle comme s'il n'avait pas dormi. Aussi il arrive toujours trop tard à l'école, et ne sait jamais sa leçon.

Le petit Alphonse, au contraire, aime à se lever matin ; il saute de son lit aussitôt qu'il s'éveille, puis il dit ses prières, se lave, s'habille et va souhaiter le bonjour à ses parens. Ensuite il apprend tranquillement sa leçon dans sa chambre, et descend déjeûner quand on l'appelle.

Lequel de ces deux enfants est le plus estimable.?

VII

Xavier revenant un jour de l'école vit un pauvre vieillard assis sur l'escalier de la maison de ses parents. Ce malheureux n'avait pas encore mangé de toute la journée et implorait le secours des passans. Xavier lui ordonna brusquement de se retirer et de le laisser passer.

Le petit Nicolas, indigné du mauvais procédé de Xavier, prit le vieillard par la main et le conduisit sur l'escalier de la maison voisine, où il le fit asseoir ; puis il courut chercher son goûter et vint l'offrir au vieillard, qui le reçut en comblants on petit bienfaiteur de bénédictions.

Que dites-vous de l'action de ces deux enfants ?

VIII

Arnould était un polisson qui ne rentrait jamais à l'école avant d'avoir couru par la ville avec quelques mauvais sujets. Un jour il rencontre un gros chien qui rongeait un os, le chien se mit à gronder ; mais le petit vaurien l'ayant ensuite battu, le chien se jeta sur lui et le mordit à la joue. Léonard était un autre mauvais sujet qui n'écoutait jamais ses parents. Il avait vu faire avec du crin des lacets à prendre les oiseaux. Il s'avisa un jour d'aller en arracher à la queue d'un cheval qui paissait dans la prairie de son oncle. Le cheval à qui ce jeu ne plaisait pas lui lança un coup de pied si bien appliqué qu'il lui démantibula la mâchoire.

IX

Lorsque vous aurez chaud, après avoir

couru ou pris tout autre exercice, évite de vous asseoir sur la terre et de vous trouver entre deux airs ; ne buvez point de l'eau froide, quand même vous seriez très-altéré : si vous vous rafraîchissez trop vite, vous deviendrez malade, parce que vous arrêterez la transpiration. Si après vous être reposé, vous avez froid, courez de nouveau, ou reprenez aussitôt de l'exercice, afin de rappeler la sueur. Beaucoup d'enfants meurent pour avoir négligé de se couvrir lorsqu'ils avaient trop chaud et faute d'avoir pris les précautions que je recommande ici.

X

Prosper qui aimait beaucoup les fruits trouva un jour quelques pommes sous un arbre : mais il n'osa point en manger sans en avoir demandé la permission à ses parents.

Son frère qui était gourmand, voulut le persuader et lui dit que les pommes étaient mûres et qu'on pouvait bien en manger ; mais Prosper répondit : quand même elles seraient mûres, vous savez bien que nos parents nous ont défendu de manger des fruits tombés. Ensuite il porta les pommes à sa maman, et lui demanda s'il pouvait bien en manger avec son frère.

Non, répondit sa maman, elles ne sont pas mûres; mais je vais vous en donner d'autres qui sont beaucoup meilleures. Ayez soin de m'apporter tous les fruits que vous trouverez, et de ne jamais en manger, car ces fruits sont nuisibles à la santé.

XI

Emile n'avait que six ans, et déjà il aimait d'aller à l'école. Dès que sa mère l'éveillait, il se levait et courait se faire laver et peigner. A l'école, il se tenait tranquille à sa place et écoutait avec attention ce que disait l'instituteur. Quand on lui faisait une question, il répondait modestement à voix haute et regardait l'instituteur.

Aussi celui-ci se plaisait-il à instruire Emile, qui était généralement aimé de tous les autres enfants, et qui, de plus, apprit à bien lire en peu de temps.

XII

Deux enfants qui jouaient dans un salon où se trouvaient de fort beaux vases en porcelaine, les cassèrent ; et, pour cacher cette étouderie, furent assez méchants d'en accuser leur bonne. Celle-ci n'eut pas de peine à se justifier et parvint à prouver que les deux enfants étaient eux-mêmes coupables. Le père se fit un devoir de punir un mensonge si abominable ; il les chassa de sa maison et leur défendit de se présenter devant lui, jusqu'à ce qu'il eût acquis la certitude qu'ils s'étaient corrigés d'un vice si odieux.

Un menteur est aussi à craindre qu'un voleur ; on doit le fuir et le mépriser.

XIII

Quand elle cousait ou s'habillait, Sophie avait la mauvaise habitude de mettre des aiguilles ou des épingles dans la bouche.

Sa mère lui avait souvent défendu de

faire cela ; mais l'habitude l'emportait, et elle ne tenait aucun compte de la défense de sa mère.

Elle avait un jour une aiguille dans la bouche, lorsque son petit frère Alexis parut devant elle coiffé d'une perruque

Elle se prit à rire à gorge déployée ; mais elle avala l'aiguille qu'elle avait oublié d'ôter de sa bouche.

Alors courant vers sa maman, elle s'écria en pleurant : secourez-moi, ma chère maman, secourez-moi, j'ai avalé une aiguille !

Sa mère effrayée envoya aussitôt chez le médecin. Il vint et se donna toutes les peines imaginables pour avoir l'aiguille ; mais, hélas ! elle avait déjà pénétré dans les entrailles de l'enfant. Quelques jours après, la malheureuse victime de sa cruelle habitude expira dans des angoisses inexprimables.

XIV

Lorsque Maurice et Germain sortaient de l'école, on ne les voyait jamais s'en retourner tranquillement chez eux. Ils partaient comme des effarés, criant et faisant tapage, dès qu'ils apercevaient que leur instituteur ne les observait pas. Etaient-ils dans la rue, ils se poursuivaient l'un l'autre en se jetant de la terre et quelquefois des pierres. Avait-il plu, ils n'allaient jamais où il faisait sec ; mais ils couraient au milieu des flaques, et en faisaient jaillir l'eau avec les pieds. S'il se trouvait sur leur chemin une poule ou tout autre animal, ils le poursuivaient en lui lançant des cailloux, et ils se faisaient un jeu barbare d'effrayer cette pauvre bête autant qu'il leur était possible.

Un jour qu'ils se conduisaient de la sorte dans la rue, un vieillard qui passait, les réprimanda : « vous devriez rougir de honte, leur dit-il ; est-ce ainsi que vous profitez des bons préceptes que vous recevez tous les jours à l'école ? »

Mais ces petits vauriens écoutèrent à peine le vieillard ; ils s'enfuirent en riant, et n'en firent pas moins le vagabond. La conduite de ces petits drôles déplut fort au vieillard ; il s'en alla en secouant la tête et en disant : «voilà des enfants bien mal élevés, s'ils continuent, ils seront de mauvais garnements.»

XV

Une année qu'il régnait, dans certaine contrée, une maladie dangereuse parmi les enfants, un d'eux en ayant été attaqué subitement, les parents envoyèrent chercher le médecin, qui arriva bientôt, et qui ordonna les remèdes qu'il avait employés avec le plus de succès dans cette maladie et au moyen desquels il avait fait grand nombre de cures. Mais l'enfant ne voulut en prendre aucun. Ses parents lui demandaient s'il ne voulait pas être guéri. « Oh! que si, répondait-il, je le voudrais bien.— En ce cas, prends donc les bons remèdes de M. le docteur; car eux seuls peuvent te rendre la santé.» Tout fut inutile : l'enfant persista dans son opiniâtreté. Il voulut obéir enfin; mais il n'en était plus temps : la maladie avait fait trop de progrès, et il mourut, faute d'avoir voulu prendre une médecine.

XVI

Pierre était un petit voleur qui ne cessait de dérober à son père, à sa mère, à ses frères et à ses sœurs, toutes les friandises qu'il pouvait attraper. Sa sœur l'ayant dit un jour au père, les parents convinrent de châtier bien fort ce petit méchant. Pierre de pleurer, de s'excuser, disant qu'il n'avait pris que des bagatelles. C'est justement pour ces bagatelles que je te châtie rigoureusement, lui dit ce sage père. C'est afin que tu ne t'accoutumes point par de petits vols, à en faire dans la suite de plus grands, et que tu ne finisses pas ta vie par la main du bourreau. Celui qui est capable de dérober une pomme, peut un jour dérober de l'argent, s'il en trouve l'occasion. Une autre fois tu te souviendras de ne pas prendre la moindre chose sans la permission de ceux à qui elle appartient.

« *Tu ne déroberas point* »: telle est la loi de Dieu.

XVII

François avait un si grand respect, un si grand amour pour la vérité, que même en badinant, il ne s'en écartait jamais. Avait-il à répondre en justice ou autrement, il disait toujours exactement les choses comme elles s'étaient passées, et selon qu'il les avait vues ou entendues, sans ajouter ni diminuer; et s'il était question de paroles, il répétait scrupuleusement les propres mots. Aussi passait-il pour un garçon si véridique, qu'un *oui* ou un *non* de sa part faisait beaucoup plus d'effet que tous les serments d'un autre, et qu'il avait l'inestimable avantage de se voir honoré de l'estime et de la confiance de tous ceux qui le connaissaient. Fuis le mensonge et respecte la vérité; car elle est le fondement de la sûreté publique.

XVIII

Armand et Julie donnèrent de bonne heure des marques de douceur, de sensibilité et de reconnaissance. Le père de ces aimables enfants leur ayant fait connaître que nous recevons tous les biens dont nous jouissons, tout ce que nous mangeons et que nous buvons, d'un **Père** céleste, plein de bonté ; mais invisible, que nous devons aimer de tout notre cœur, Armand demanda comment on fait pour aimer ce Père céleste, quoiqu'on ne puisse jamais le voir. Le père lui répondit que c'est en pensant souvent à lui, en lui rendant grâces de ses bienfaits, et surtout en cherchant à lui plaire par la piété.

Julie, à son tour, montra le désir qu'on lui expliquât ce que c'est que la piété. La piété est un respect religieux, lui dit son père, qui consiste à ne rien faire que nous puissions supposer devoir déplaire à Dieu ; car c'est ainsi qu'on nomme le Père céleste.

Vous lui plairez toujours, mes enfants, si vous continuez à être dociles, complaisants, de bonne conduite et sages ; si vous n'affligez jamais personne, si vous cherchez à être utiles à vos semblables, et surtout si vous remplissez exactement tous les devoirs que notre sainte Religion nous impose et qu'on vous fera connaître.

Ces sages petits enfants retinrent ces bons préceptes, et dans la suite ils furent heureux, aimés et respectés de tout le monde.

XIX

Le jeune Alphonse voyait un jour de sa fenêtre deux garçons du peuple qui se disputaient vivement et qui semblaient être prêts à se battre.

Il fut étonné lorsqu'il apprit que ces deux petits garçons étaient frères, et que le sujet de leur dispute était une pomme que l'un d'eux venait de trouver à terre et dont il ne voulait pas donner le moindre morceau à l'autre.

Comment est-il possible, disait-il, que deux frères se querellent pour des gourmandises ; il faut sûrement que ce soient deux mauvais enfants.

Sa sœur aînée, jeune demoiselle pleine de raison, lui dit qu'elle n'en était pas aussi étonnée que lui. Ces deux enfants, continua-t-elle, n'ont pu recevoir d'éducation de leurs parents. On n'a pas su leur apprendre que des enfants bien élevés doivent chercher à se faire plaisir l'un à l'autre, que lorsqu'on chérit son frère on s'en fait chérir à son tour, et que Dieu a ordonné à tous les hommes de s'aimer.

XX

Heureux les enfants qu'on vient à bout de corriger par la douceur !

Hector venait étourdiment de casser un beau vase de famille d'un assez grand prix, auquel on lui avait défendu de toucher, et il était tout chagrin, parce qu'il savait combien cet accident allait faire de la peine à ses parents, ce qui l'affligeait beaucoup plus que la crainte d'être puni de sa désobéissance.

« Comment réparerai-je ma faute, se demandait-il à lui même ? » et il s'affligeait de plus en plus.

M. Hector, son père, informé de l'aventure, entra alors ; il s'aperçut du chagrin et du repentir de son fils, et, au lieu de le châtier, il l'embrassa.

« Rassure-toi, lui dit-il, mon enfant;

C'est une étourderie et une désobéissance bien grandes, il est vrai ; mais j'en achetterai un autre ; allons, plus de tristesse ! »

Le petit Hector se tut un instant ; mais bientôt, les yeux en larmes et tout déconcerté : « O bonté paternelle ! s'écria-t-il, au lieu de me punir, comme je le méritais pour vous avoir désobéi, vous êtes le premier à excuser ma faute. Votre bonté, mon cher papa, va me rendre doublement attentif et soigneux par la suite à ne jamais rien faire qui puisse vous causer le moindre désagrément.

Cet aimable enfant a tenu parole.

XXI

Le jeune Albert touché de compassion de voir un pauvre très-affamé, qui lui avait demandé un petit morceau de pain, lui avait donné un jour tout son déjeuner.

Quelques jours après, Albert alla avec son frère, à l'insu de ses parents, dans un petit bateau porté par une petite rivière très-rapide, et ils firent tellement vaciller le bateau, qu'il se renversa.

Le même pauvre à qui Albert avait donné son déjeuner, se trouvait par hasard près de la rive, et, voyant le danger qu'ils couraient, il vola à leur secours et les délivra tous les deux d'une mort certaine.

De semblables accidents peuvent arriver tous les jours. L'aventure du jeune Albert prouve seulement qu'un bienfait n'est jamais perdu, et que la bienfaisance est le plus beau moyen que les hommes puissent employer pour gagner les cœurs.

XXII

La petite Julie était très-bien mise, et ses parents aimaient à la voir toujours bien parée : cependant elle ne pouvait jamais voir sans envie ses autres petites compagnes aussi parées qu'elle. Justine en concevait un dépit secret qu'elle ne pouvait renfermer ; il lui arrivait même assez souvent de dire tout haut, et avec une sorte de hauteur et de mépris : et d'où toutes ces petites filles tirent-elles donc toutes ces belles parures ? Et rarement manquait-elle d'accompagner ce propos de quelques remarques de sa façon, ou mordantes, ou satiryriques, qui ne faisaient honneur ni à son cœur ni à son esprit.

« Vous faites très-mal, lui dit un jour sa maman qui l'entendit, et vous finirez, si vous continuez, par donner à tout le monde une fort mauvaise opinion de votre personne.

XIII

Le plus bel apanage ne consiste point dans la beauté des habits, des parures, des meubles et autres ornements extérieurs ; mais dans un esprit bien cultivé et dans la sincérité d'un cœur généreux : ce qui ne s'acquiert qu'à force de travail sur soi-même et par une grande application. On peut affubler une sotte des plus riches vêtements, elle ne reste pas moins toute sa vie une sotte. Au surplus, retenez bien qu'on ne doit jamais rien envier à personne, mais que, lorsqu'à force de zèle et d'attachement au travail, on ne peut se procurer ces avantages, qui doivent nous plaire autant dans les autres que dans nous-mêmes, il faut savoir se contenter et jouir de ce qu'on a avec reconnaissance envers le Ciel, auteur de tout bien, et penser qu'il est impossible à l'homme de tout avoir à la fois.

XXIV

Ferdinand revenait de l'école un soir qu'il faisait bien froid ; il y avait deux ou trois jours qu'il gelait assez fort. Comme il traversait un pont avec plusieurs de ses camarades, il s'aperçut que la rivière était prise : « suivez-moi, dit-il aux autres, et allons nous amuser sur la glace. » Tous y consentent, et les voilà qui descendent l'escalier qui conduit à la rivière. Un vieillard leur crie : mes enfants, où allez vous ? ne vous y fiez pas ! la glace n'est pas encore assez forte pour vous porter, vous enfoncerez. » Soudain ils s'arrêtent tous, et n'osent se hasarder sur les glaçons. Ferdinand est le seul qui dédaigne l'avis du vieillard, il s'élance et se met à glisser, comme le font les polissons : son audace lui réussit d'abord si bien, qu'il se moque de ses petits amis et les traite de poltrons, d'imbécilles, qui tremblent à la voix d'un vieux radoteur; « Voyez, ajoute-t-il, ce que c'est que d'avoir du courage! je n'ai pas peur! allez! » Comme il disait ces mots, la glace crie et se rompt, et voilà notre étourdi dans l'eau. Tous les autres s'enfuient en jetant de grands cris, et Ferdinand aurait infailliblement péri, si le vieillard, qui était resté là en cas d'accident, et qui le trouvait assez puni des injures qu'il lui avait dites, ne fût accouru à son secours et n'eût mis en œuvre toute sa prudence et toute son adresse pour le retirer de ce mauvais pas. Le petit malheureux tremblait comme une feuille; il était aussi pâle qu'un mort, et ne pouvait articuler aucun son. On eut beau lui prodiguer tous les soins nécessaires et employer toutes sortes de moyens pour le réchauffer promptement; il en fit une maladie qui le força à garder le lit plusieurs jours.

XXV

Une fruitière qui allait au marché avec une corbeille pleine de pommes, en laissa tomber quelques unes sans s'en apercevoir.

Le petit Frédéric, qui marchait à quelques pas derrière elle, vit tomber ces pommes, courut les ramasser et les rendit à la femme. Je vous remercie, mon petit ami, lui dit celle-ci. Mais pourquoi ne les avez-vous pas mangées ? Parce que cela n'aurait pas été bien, répondit le petit Frédéric. Ces fruits sont à vous, je ne dois pas prendre ce qui ne m'appartient pas. Voilà ce qui est fort bien pensé, répliqua la fruitière ; vous avez fait votre devoir en me les rendant. Mais, puisque vous avez été si honnête, je veux vous en donner deux pour votre récompense.

Frédéric les reçut en remerciant, et il courut les partager avec son frère, ainsi que doit le faire tout enfant qui désire d'être aimé.

Après que ce brave petit garçon se fut retiré, cette femme poursuivant sa route, en laissa tomber quelques autres de sa corbeille, qui était beaucoup trop pleine.

Un autre enfant les vit tomber à terre, et courut les ramasser. Mais il ne fut pas aussi honnête que le premier; car, au lieu de les rendre, comme lui, il se mit à les manger goulûment. Tandis qu'il les mangeait ainsi, la fruitière se retourna, et, le prenant sur le fait, elle lui dit : Qui vous a donné ces pommes? Je les ai trouvées, répondit ce glouton, et je les ai mangées, parce que je les aime. Mais elles m'appartenaient, répliqua la fruitière ; vous les avez vues tomber de ma corbeille, et vous auriez dû me les rendre. Puisque vous vous êtes vraiment comporté comme un voleur, je vais vous corriger. A ces mots, elle ôta sa corbeille de dessus sa tête, et courant de toutes ses forces vers le petit garçon qui s'enfuyait, elle l'atteignit bientôt et le frappa rudement.

XXVI

« Non, je ne le veux pas, je ne le ferai pas », répondait un jour grossièrement le petit Henri à ses parents, qui lui avaient ordonné de faire quelque chose de fort facile. M. Leduc, homme parfaitement bien élevé, passait justement par là ; il entendit cette réponse malhonnête, et digne même d'une punition très-sévère.

Il entra tout stupéfait, et demanda quel était celui qui osait ainsi répondre à ceux qui lui ont donné le jour.

Quel fut son étonnement quand il vit que c'était le petit Henri, qui venait souvent jouer chez lui avec ses enfants !

« Jamais, lui dit M. Leduc, vous ne remettrez les pieds chez moi : je ne veux pas qu'il soit dit que mes enfants fréquentent un mauvais sujet, qui joint la grossièreté à la désobéissance.

Je vais dire à tous ceux que je connais, comment parle et agit celui dont je faisais tant d'éloges. »

Il tint parole. Bientôt tout le monde fut informé de l'indocilité et de la grossièreté révoltante du petit Henri. Personne ne voulut plus le recevoir, et cet enfant devint bientôt l'objet du mépris de tous les honnêtes gens.

XXVII

Mes enfants, quittez jusqu'à votre prière pour faire le bien. L'homme vraiment pieux est celui qui aime son semblable et qui lui donne ses soins. Tous les hommes sont frères ; ils doivent s'aider et se secourir mutuellement ; car Dieu a dit : Vous aimerez votre prochain comme vous-même.

Ne faites donc jamais à un autre ce que vous ne voudriez pas qu'on vous fît : sûrement vous ne voudriez pas qu'on vous dît des injures, qu'on vous frappât, que l'on fît contre vous de méchants rapports ! Eh bien ! évitez donc soigneusement d'agir de la sorte avec vos camarades, et vous vivrez en paix au milieu d'eux ; ils seront les premiers à vous défendre lorsqu'on vous attaquera.

Si vous n'aviez pas de quoi manger, vous souhaiteriez qu'on vous en donnât ; si vous étiez tombé et que vous vous fussiez fait trop de mal pour pouvoir vous relever, vous seriez reconnaissant envers celui qui vous tendrait la main, qui vous donnerait le bras pour retourner chez vous. Pensez donc à cela toutes les fois que vous rencontrerez un homme souffrant, et soulagez-le sans retard.

XXVIII

Le roi d'un grand peuple est comme le père d'une nombreuse famille. Les habitants du pays qu'il gouverne sont ses enfants ; il les aime, il veille à leur bonheur et à leur tranquillité.

C'est une belle tâche, mes enfants, que d'avoir à rendre heureux un grand nombre d'hommes ; mais combien elle exige de vertus pour aimer les hommes et se sacrifier à leur bonheur, et de talents pour leur procurer tous les biens qu'ils ont droit d'attendre de ceux qui les gouvernent.

Vous devez donc au roi qui gouverne votre pays, de l'amour, du respect et de la reconnaissance ; car Dieu et la loi fondamentale de l'État lui ont confié le soin de votre bonheur. Il est la Providence visible de tous les malheureux qui habitent dans son royaume.

XXIX

Mes amis, soyez modérés dans le boire et le manger : si vous voulez devenir vieux, mangez sobrement. Celui qui mange avec gourmandise, ne se nourrit pas, il se détruit; le gourmand creuse sa fosse à belles dents; et ce n'est pas tout ce que l'on mange, mais ce que l'on digère bien, qui nourrit.

Le gourmand mange avec avidité, il avale presque sans mâcher, et se remplit l'estomac outre mesure : il en résulte qu'il digère mal; son corps se charge d'un embonpoint malsain et devient impropre au travail; le gourmand est sujet à de longues maladies, et il n'atteint jamais une vieillesse avancée.

L'ivrognerie est un vice encore plus à craindre, et malheureusement le nombre des ivrognes dépasse encore celui des gourmands. L'ivrognerie use le corps, brûle la vie, amène une vieillesse anticipée, des douleurs insupportables et une mort prématurée : voilà le sort inévitable de celui qui se livre aux excès de vins, de boissons fermentées et spiritueuses. Ne regardez pas ces boissons quand elles brillent dans le verre : elles sont douces sur le bord des lèvres; mais elles versent un poison lent dans les veines, et remarquez que toujours les ivrognes meurent jeunes.

XXX

François était un petit gourmand qui portait à la bouche tout ce qu'il pouvait prendre pour manger. Un jour il s'empoisonna avec une drogue qu'il avait trouvée et qu'il croyait être quelque sucrerie. Il était en butte aux plus cruelles convulsions et se tordait les bras de douleur, lorsque sa mère rentrant du marché et le voyant dans cet affreux état, s'écria tout épouvantée : « Qu'as-tu donc, mon enfant? sans doute tu auras encore fait quelque acte de gourmandise ; » mais le petit drôle ne voulut pas avouer.

Elle envoie aussitôt chercher un médecin, qui arrive et ordonne des remèdes, des potions. Tout cela ne faisait qu'augmenter le mal. Il aurait fallu faire vomir le petit gourmand, car il était empoisonné. Il avait pris une forte dose de je ne sais quelle drogue, qu'un étranger avait oubliée sur le comptoir, en venant acheter du sucre de pomme. Sa gourmandise allait lui coûter la vie, et son mensonge empêchait qu'on ne pût le secourir. Heureusement, la nature fit elle-même un effort, et, après avoir beaucoup souffert, l'enfant vomit en abondance et fut sauvé.

Toutefois, son estomac a été tellement dérangé par cette secousse, ajoutée aux indigestions précédentes, qu'il est condamné maintenant à observer un régime très-sévère jusqu'à la fin de ses jours; et sans doute il les a abrégés déjà beaucoup.

Je me suis rappelé cette histoire et j'ai voulu vous la raconter, mes enfants, pour vous faire sentir combien la gourmandise est une chose humiliante et dangereuse.

Quand au mensonge, il n'y a pas de mot pour exprimer l'horreur qu'il inspire. On ne peut plus jamais croire celui qui est capable de mentir; on est sans cesse obligé de se défier de lui. Lors même qu'il dit la vérité, on n'ajoute plus foi à ses paroles.

Quand vous aurez commis une faute, mes enfants, ne cherchez point à la cacher par un mensonge. Il est beau d'avouer ses torts : c'est le moyen de les réparer à moitié et de se les faire pardonner facilement.

XXXI

Camille et Ursmar, nés de parents

peu aisés, sentirent de bonne heure le bienfait de l'éducation et l'avantage qu'ils pouvaient en retirer. Dès qu'on les eut mis à l'école, chacun d'eux s'efforça de surpasser ses condisciples. Lorsque l'instituteur faisait une explication, ils y prêtaient toute leur attention; et, aussitôt que l'école était finie, ils retournaient chez eux se répéter l'un à l'autre ce qu'ils en avaient retenu. Étaient-ils embarrassés dans un devoir, ils l'étudiaient et y réfléchissaient jusqu'à ce qu'ils l'eussent compris; ils ne se rebutaient jamais contre les difficultés qu'ils rencontraient; au contraire, ils s'y attachaient avec la plus grande assiduité; et, à force d'étude et de travail, ils parvenaient souvent à les vaincre : c'est ainsi qu'ils firent des progrès rapides dans toutes leurs études. Ils apprirent en peu de temps la lecture, l'écriture, la langue française, l'arithmétique, l'histoire, la géographie et le dessin. Mais ce qui faisait aimer Camille et Ursmar, c'était leur honnêteté, leur douceur, leur prudence, et plus particulièrement encore leur exactitude à remplir fidèlement les devoirs que notre sainte Religion nous impose.

Camille et Ursmar ayant compris que le travail est un trésor, prirent chacun un état. Camille choisit l'état d'horloger ; et Ursmar, celui d'imprimeur. L'un et l'autre firent de nouveaux efforts dans la profession que chacun s'était choisie : ils supportèrent d'abord avec patience et sans murmure les embarras et les fatigues qu'on rencontre dans l'apprentissage. Ils ne se plaignaient jamais sur ce que leurs maîtres leur commandaient ; mais ils le faisaient tout de suite et le mieux qu'il leur était possible. Enfin, par leur application et leur docilité, ils gagnèrent bientôt la confiance de leurs maîtres ; ceux-ci leur accordèrent une rétribution qui surpassa leur attente, et qui leur donna les moyens de soulager leurs parents, et de leur procurer un avenir plus heureux.

XXXII

Mes chers amis, il ne faut jamais mépriser les professions des autres, quelque basses qu'elles puissent paraître : toutes sont honorables, quand elles sont exercées avec probité. Un laboureur, un cordonnier, un boulanger, sont aussi dignes d'estime qu'un avocat et qu'un médecin, car les uns et les autres sont également utiles à la société.

On a vu, dans toutes les professions exercées sur la terre, des hommes sortis des rangs les plus obscurs de la société, s'élever, à force de courage ; et se distinguer par la supériorité de leur génie.

Quand on est sincèrement attaché à sa profession, le travail devient un amusement ; et le plaisir avec lequel on se met à l'ouvrage, procure naturellement l'avantage de surpasser aisément les autres. Mais si l'on ne travaille que par contrainte ou par besoin, le dégoût que l'on a de son occupation, engendre la paresse et l'ennui, qui arrêtent tout progrès.

XXXIII

Maintenant, mes amis, je vais vous faire comprendre ce que c'est que la générosité. L'histoire que je vais vous raconter, vous offre, de la part d'enfants encore bien jeunes, un trait de cette vertu, qui consiste souvent aussi dans l'exercice, à un haut degré, de l'empire sur soi-même, et qui est la marque d'un beau caractère.

Un homme qui avait un fils le mena un jour à la promenade ; arrivé dans une campagne, il lui montra un gâteau qu'il avait apporté avec lui, et proposa à son fils de le disputer à la course avec un petit garçon nommé Louis, qu'ils connaissaient un peu, et qui jouait dans le voisinage. La proposition fut agréée, et le père posa le gâteau sur une pierre désignée pour but et placée à deux cents pas de distance. Au signal donné, les deux jeunes rivaux partent et déploient toute la vitesse de leurs jambes.

Louis aurait été certainement vaincu, si Victor, son rival, n'avait eu le malheur de faire une chûte qui lui empêcha d'atteindre au but, et procura ainsi à Louis une victoire facile. Mais celui-ci ne voulut pas recevoir le gâteau, et dit que son concurrent seul avait mérité le prix. « Si le même accident m'était arrivé et m'avait ravi la victoire, ajouta-t-il, je serais bien aise que l'on me rendît justice. » Victor, charmé de ces paroles, accepta le gâteau, mais à condition que Louis voudrait bien en recevoir la moitié.

Voila un double exemple de générosité, mes enfants. Faisons toujours pour autrui tout ce que nous voudrions que l'on fît pour nous : c'est le plus sûr moyen de se faire aimer et estimer.

XXXIV

Le maître d'une école où le mensonge s'était répandu d'une manière effrayante parmi les élèves, avait eu beau leur adresser les plus sages remontrances, et punir d'une manière exemplaire celui qui n'avait pas honte de se souiller d'un vice si honteux : rien ne pouvait les corriger de la funeste habitude de mentir. Cependant un élève nommé Gustave, qui était regardé comme un modèle de docilité et de sagesse, fut introduit dans cette école. Le maître, qui le connaissait déjà, avait en lui toute confiance ; et, lorsque les autres élèves n'étaient pas d'accord dans ce qu'ils rapportaient à leur instituteur, celui-ci avait soin de consulter Gustave pour connaître la vérité, et punissait toujours sévèrement tous ceux qui avaient dit le contraire; de sorte que, voyant que l'avis de leur nouveau condisciple venait les trahir chaque fois qu'ils mentaient, ils conçurent d'abord de l'aversion pour Gustave; mais, se voyant obligés eux-mêmes de dire la vérité, ils se défirent peu à peu d'un vice dont on croyait qu'on ne pourrait jamais les corriger. Bientôt l'habitude de la vérité ayant entièrement remplacé parmi eux celle du mensonge, ils eurent honte de leur conduite, montrèrent même de l'attachement pour Gustave, qu'ils avaient pris d'abord en horreur, et lui manifestèrent leur reconnaissance pour la vertu qu'il leur avait fait aimer, tout en les délivrant d'une mauvaise habitude.

C'est ainsi, mes enfants, que l'exemple d'un seul suffit souvent pour ramener au bien une multitude immense, et qu'une vertu constante sait s'attacher les mêmes cœurs qu'elle a d'abord irrités.

FIN.

OUVRAGES CLASSIQUES

CHEZ LE MÊME IMPRIMEUR-LIBRAIRE.

Tableaux de Lecture.

Arithmétique théorique et pratique, 1ʳᵉ Partie, contenant un exposé simple et complet de système métrique, et environ 400 exercices et problèmes.   0,45

Livret de Lecture, 1ʳᵉ, 2ᵉ et 3ᵉ partie, chacune   0,25

4ᵉ partie.   0,30

Exercices Français sur la 1ʳᵉ partie de la grammaire de Noël et Chapsal, suivis d'Exercices d'Analyse grammaticale.   0,35

Lectures Morales.   0,40

Grammaire Française de Noël et Chapsal, 1ʳᵉ Partie.   0,45

La même, complète.   0,75

www.ingramcontent.com/pod-product-compliance
Lightning Source LLC
Chambersburg PA
CBHW061009050426
42453CB00009B/1337